물보라 은보라

시산맥 디카시

물보라 은보라

시산맥 디카시선 001

초판 1쇄 인쇄 | 2024년 10월 20일
초판 1쇄 발행 | 2024년 10월 25일

지은이　김찬옥
펴낸이　문정영
펴낸곳　시산맥사
편집주간　김필영
편집위원　신정민 최연수
등록번호　제300-2013-12호
등록일자　2009년 4월 15일
주소　03131 서울특별시 종로구 율곡로 6길 36. 월드오피스텔 1102호
전화　02-764-8722, 010-8894-8722
전자우편　poemmtss@naver.com
시산맥카페　http://cafe.daum.net/poemmtss

ISBN 979-11-6243-516-8 (03810) 종이책
ISBN 979-11-6243-517-5 (05810) 전자책

값 13,000원

* 이 책은 전부 또는 일부 내용을 재사용하려면 반드시 저작권자와 시산맥사의 동의를 받아야 합니다.
* 이 책은 교보문고와 연계하여 전자북으로 발간되었습니다.
* 본문 페이지에서 한 연이 첫 번째 행에서 시작될 때에는 〈 표기를 합니다.
* 저자의 의도에 따라 작품의 보조 동사와 합성 명사는 띄어쓰기가 달라질 수 있습니다.

물보라 은보라

김찬옥 디카시집

시인의 말

간절함은 통했다

자연이 나의 치부를 까발리면 어떻고
심장이 장미 가시에 찔려 피를 흘리면 어떤가

그들과 마주 선 거리가 가까워질수록
뒤바뀐 삶의 궤도가 순리대로 돌아갔다

어떤 값비싼 옷이 이보다 더 잘 맞으랴
바람도 이 옷만큼은 앞 단추를 풀지 못한다

2024년 초가을
연희 새로운 산실에서

■ 차례

1부

꽃술을 시음하다	13
순결	15
몰래한 사랑	17
금수저	19
성산포에서	21
그대가 있기에	23
유채꽃 쉼터	25
분홍나비	27
배경	29
바람이 하는 말	31
어느 멋진 결혼식	33
어머니의 가르마	35
오월	37
연둣빛 낙서	39
봄, 사랑	41
사랑은	43
오월의 기도	45
거울 앞에서	47
가시와 꽃	49
장미의 성벽	51
이상한 교실	53
청라언덕에서	55
찔레꽃 남자	57
조팝꽃 무덤	59
패자 부활전	61

2부

삼 대	65
그래서, 꽃	67
우주 한 귀퉁이	69
어느 슬픈 날에	71
고백	73
신의 경지	75
가정의 뿌리	77
가시를 숨긴 장미	79
신기한 꽃	81
경지에 오른 업	83
은혜를 아는 등꽃	85
이상적인 부부	87
한낮의 평화	89
매창공원에서	91
詩	93
초록 연두 노랑	95
실루엣	97
흑진주	99
개망초	101
먼 그림 속에 갇혀	103
사랑의 거리	105
둥지에게	107
세월을 낚는 어부	109
침묵의 창	111
한풀이	113

3부

버킷리스트	117
스케치	119
가을 동화	121
큰 으아리꽃	123
조각배	125
숨바꼭질	127
승차 거부	129
기회를 포착하다	131
배반을 모르는 호야	133
감국	135
덫	137
물보라, 은보라	139
쑥	141
아름다운 봉분	143
콩고물	145
어머니의 눈	147
이쪽과 저쪽 사이	149
폭죽	151
승천	153
작별	155
부음	157
고독한 밀착	159
진짜는 껍질 속에	161
적멸보궁	163
은행나무 부처	165

4부

연인	169
짚라인	171
가까운 슬픔	173
겨울나무	175
그리움	177
꽃은 가지 않았다	179
산파	181
때로는	183
안부	185
언제나 오늘	187
예술의 삼 박자	189
금괴	191
극락으로 오르는 길	193
선물	195
이 또한 지나가더라	197
적벽강	199
이별, 그 이후	201
공포를 받치다	203
멍	205
울음을 터뜨린 침묵	207
학사모	209
함정	211
허공에 들어선 강변	213
화장터에서	215
열린 길	217
시인의 산문	219

1부

꽃술을 시음하다

하얀 크리스탈 잔에 안긴 술!
봄이 와르르 바닥으로 흘러 내리기 전에
노란 꽃술 흔들어 음미해 보고 싶다
마른 입술 젖어 봄이 될 때까지

순결

보송보송한 솜털 속에 고이 모셔왔지요
다가오는 감촉이 너무 따뜻해
겨우내 갇혀있던 몸이 자동으로 열려요
스스로 껍질 벗고 싶은 걸요
사랑의 하얀 문이 열리려나 봅니다

몰래한 사랑

사찰 뒤에 숨어 色을 펼치다가

목탁 소리에 놀라 화들짝, 쓰러질 뻔하였지요

금수저

조상이 유목민인 것은 집 한 채라도 물려주기 위해서지요
세상 내다보는 안목도 있었나 봅니다
비옥한 땅에서 여생을 보내게 되었으니 말입니다
지상에 보름달을 환히 밝힐 수 있게 된 것도
다 좋은 곳에 씨를 내린 부모님의 은덕이겠지요

성산포에서

봄을 가로질러 가자
쪽빛 바다가 활짝 열렸다
바다 건너 섬도 자리를 털고 일어났다
섬 하나, 나 하나, 구름 통신도 거치지 않고
서로의 적막한 손을 따뜻하게 잡아줄 수 있었다

그대가 있기에

당당한 그대의 벽에
크레파스로 희로애락을 그렸기에
나는 뒤늦게나마 시인이 될 수 있었고
때로는 수렁에도 시를 모종할 수 있었고
제 인생의 반은 푸르를 수 있었습니다

유채꽃 쉼터

천변에서 다시 피어난 야생화
보랏빛 새로운 터치로 색을 바꿔
쏜살같이 흐르는 직선의 길을
용접공이 되어 부드럽게 접을 수 있었다

분홍나비

나비 떼가 분홍 바람 일으키지요
늦잠꾸러기 꽃들 깨우러 살랑살랑

꽃의 앞가슴 열어젖히는 손이 한들한들
꽃이 오는 길목으로 팔랑팔랑 마중 나가지요

배경

나야 나!
싸늘한 길목을 따뜻하게 밝힌
봄을 부른 일등 공신이라구

내 몸에서 꽃 비늘이 벗겨져 내릴 때 알았네
내가 꽃이 될 수 있도록 받쳐준 것은 그대였다는 걸

바람이 하는 말

못 본 척 스쳐 지나갈 수 있을까
그냥 지나치기엔 미끼가 너무 탐이 나는 걸,
엣다, 한 번 왔다 가는 생
어찌 외면할 수 있겠는가

어느 멋진 결혼식

천상에서 내려온 한 쌍의 하모니!

애써 초대장을 돌리지 않아도
하객들의 박수 소리가 하늘을 찌르지요

화려한 왕관과 부케가 따로 필요 없는 사월의 신부!

어머니의 가르마

쪽진 어머니 머리에 난
반듯한 길이 있어
오 형제가 굶주림은 면할 수 있었다
어머니의 가르마를 뽑아 전봇대 세울 때쯤
보릿고개도 먼 신화가 되었다

오월

숲이 연인을 품어 초록이 되었다

색의 명도가 차츰 짙어가자

봄과 하나가 된 젊은 열정들

연둣빛 낙서

칠판 가득
담쟁이가 낙서를 한다
청춘 남녀들의 풋사랑, 설익은 이별
선유도가 뜬 눈으로 지켰을 어린 새벽을
연둣빛 잎새로 꼭꼭 눌러 써 내려간다

봄, 사랑

이웃의 큰 상처
보고 있을 수만은 없잖아
이 작은 손으로 감싸줄 수 없어도
내게 먼저 찾아온 봄, 한 줌
나눌 수 있어 정말 다행이야

사랑은

그가 떠났다 해서 다 끝난 것은 아니다

또 다른 사랑이 몸속 깊이 파고들자

죽은 음부에서 푸른 모근이 쑥쑥 돋아난다

오월의 기도

인류의 평화를 입으로만 조아릴 뿐
정작 그 평화, 내 안으로 불러들이지 못했다

입술 아닌, 무릎으로 삼천 번쯤 꿇어야
불도화, 그 싱그러운 열반으로 걸어 들어갈 수 있을까

거울 앞에서

꽃이란 이름만으로도
앞모습은 아름답지요
물 거울 앞에서 꽃 피우면
뒷모습도 아름다울 수 있을까요

필 때보다 질 때가 너무 낯설지 않았으면 좋겠어요

가시와 꽃

가시에 찔린 봄비
흰 피로 맺혔다

탱자나무 가시 그 곁에서
향기로운 꽃으로 피어난 당신!

장미의 성벽

가까이서 아카시아 총성이 들려오면
머지않아 밤꽃 군화발이 당도하겠지

몸 밖으로 가시를 세운 꽃포!

진입하는 것들의 발걸음을 겨냥해 팡 팡
높은 성벽을 뛰어넘어 아직 당도하지 않은 유월을 점령했다

이상한 교실

등 뒤에서 조팝꽃이 하얀 건반을 두드린다
언제쯤 열린 입술로 봄을 노래할 수 있을까

한강 물살 위에 눈빛으로 가나다라 삐뚤빼뚤 써본다
햇살이 살포시 다가와 별빛으로 동그라미를 그려준다

청라언덕에서

그대 간다 해서 꽃비만 흘릴 수는 없지
썰물의 날갯죽지 같은 사랑이여,
퇴폐한 마담 같은 청춘이여
무단횡단 일삼고 뺑소니치는 봄을
청라언덕에 말뚝 박아 복사꽃이라도 잠시 붙잡아 두어야지

찔레꽃 남자

언제부터 찔레꽃은 저 혼자 피지 않는다
하얀 모시 두루마기 자락을 펄럭이며 구성지게 핀다

찔레꽃 남자의 목청으로 서럽게 울어야만 한다
노란 목젖이 바람에 뽑힐 때까지 한을 풀어내야 한다

조팝꽃 무덤

사랑하는 이여! 나 떠나거든
어느 산기슭에 조팝꽃 한 무더기로 심어다오
봄이면 새하얀 꽃 무덤 빠져나와
나를 아는 이들의 기억에 향기로운 꽃망울로 터지리라

그때가 기일이고 그곳이 내 봉분이라네

패자 부활전

누군가를 꼭 물리쳐야 한다면
그래야만 내가 살 수 있다면
그게 겨울이었으면 좋겠다
스스로 눌러 앉힌 나를 끌어올려
연두로 다시 일어서 보고 싶다

＃ 2부

삼 대

벽과 벽이 달리는 파도에 올라탔다
숨어있는 경계가 파도보다 많이 부서졌다
발밑에서 물살이 휘어질 때
암벽 같은 딱딱한 부성도 부드러워졌다

그래서, 꽃

사람은 이웃에 비수를 꽂아도

꽃은 그 비수를 딛고 넘어와

따뜻하고 향기로운 손 내민다

우주 한 귀퉁이

함께 울고 웃고 한 피붙이
형제는 영원하리라 믿었는데
한여름 밤의 전설을 남기고
오빠가 지구 밖으로 밀려나갔다
우주 한 귀퉁이 무너졌다

어느 슬픈 날에

평상시엔 각자인 듯하다가도
어려운 일 생기면 자동으로 하나가 됩니다
혼자 꾸려가는 인생이 아니라서 참 다행입니다
기쁜 일이나 슬픈 일에 마음 포갤 수 있는 가족
한 곳을 향해 노 저을 수 있다는 것이 행복입니다

고백

내 안에 너 있다고
천만번 눈빛만 보내다가
단대 호수에 와서 알았네
사랑은 표현하지 않으면
하나가 될 수 없다는 것을

신의 경지

한결같이
한마음 한뜻이다

그 누구도
모략을 꿈꾸지 않는
그대들은 참으로 눈물겹다

가정의 뿌리

땅 한 평 갖지 못했으나
사랑은 누구보다 넉넉했나 봅니다

콘크리트 담벼락에 둥지 틀고
활짝 핀 일가를 이루었으니 말입니다

가시를 숨긴 장미

뜻대로만 살아갈 수 있나요
길이 꺾이면 꺾인 대로
걸어갈 방법을 찾아야 하겠지요

눈 뜨고 보니 물속에도 길이 보입니다

신기한 꽃

헤이, 능소화!
더 오르고 싶지 않아

적당한 자리에 멈추어 꽃 피울 줄 아는
너 참 신기하다

경지에 오른 업

전생에 지은 빚 진흙에 발이 묶인 것으론 안 되나요
밤마다 이슬방울이 찾아와 몸을 탐해도
푸른 눈을 번득이며 깨어 있었지요
수억 번의 번뇌를 꼬박 사른 후에야
불볕 아래서 부처를 떠받들 수 있게 되었지요

은혜를 아는 등꽃

혼자서는 곧게 서지 못했지요
생겨 먹은 것 또한 꽈배기라고나 할까요
그런 손을 잡아 이끌어준 이가 있었지요
더도 덜도 말고 이만하면 되었다 싶네요
그 사랑으로 만든 그늘에 들어와 잠시 쉬었다 가실래요

이상적인 부부

맞는 부분이 하나도 없었지만
서로 다른 부분 채워줄 희망은 보였지
나를 평생 길들이다가
권태를 부를 여유마저 없었지
이제는 눈만 봐도 무슨 생각하는지 알지

한낮의 평화

한 뱃속에서
한 날
한 시에 태어나도
다 똑같을 수는 없다
서로 다른 것을 인정할 줄 아는 백일홍

매창공원에서

어린 시절 옆집 살던 단짝 친구
비 오면 호미 들고 함께 꽃모종했다
방에 세계문학전집이 가득했던 친구는 수녀가 되고
책상 위에 슬픔이나 펼치던 나는 시인이 되었다
반백 년 훌쩍 넘어 우린 기적이라며 웃을 수 있었다

詩

끝난 게 아니었다, 내 안의 꿈이 살아있는 한
당신의 도움이 없다면 난 다시 일어설 수 없었다
반쪽과 반쪽이 만나 하나의 원을 이루듯
그 무엇과 내가 만나 하나의 성체가 될 때
당신은 죽음도 불사하고 내 품으로 돌아왔다

초록 연두 노랑

예쁜 단호박 세 개는
세 살 터울 우리 세 자매의 태몽이다
딸 셋이 시골집 싸리문을 밀치고 나올 때면
동네 사람들은 엄마의 이쁜 애기집을 탐냈다
초가지붕 아래 초록 연두 노랑이 어우러져 빛이 되었던 작은 숲

실루엣

쉿,

다 왔어요

조금만 더 기다리세요

흑진주

꽃잎 속에 박힌 검은 돌들은
생의 징검다리다
하루에도 몇 번씩 화를 다스리는 인두 자국이다
수 없이 나를 죽인 무덤의 흔적이다

개망초

봄꽃들 팡팡 터질 때
조용히 뒷전으로 밀려나 마음 다스렸지요
누군가 떠난 빈자리 잔잔하게 메꿀 수 있는 게 행운입니다
가시 하나 밀어낼 수 없는 성정이다 보니
꽃들 속에 섞이지 않길 참 잘했다 싶어요

먼 그림 속에 갇혀

너를 당기고 내가 울어볼까

저 외로움의 극치

먼 그림 속에 갇혀있다

사랑의 거리

몇 억겁을 건너 만났을까
닿을 듯 닿을 듯 손 닿지 않아
두근두근--- 바짝바짝---
그대 등 뒤를 소리 없이 쫓고 있는 낮달의 속울음
바닷물 다 마셔도 속이 풀리지 않을 이 거리

둥지에게

모두가 떠난 빈자리에 남아
겨울강을 함께 건넜지
꽃들은 다시 찾아왔으나 너를 보낼 수 없어
푸른 날개 활짝 펴는 그 날이 오면
그때는 너를 품고 아늑한 세상으로 날아갈게

세월을 낚는 어부

노부부가 던진 미끼를
초록빛 강물이 살포시 물었다

강물이 부레를 접고 명상에 들었다

그사이 한 오백 년쯤 흘러갔을까
노부부의 굽은 등이 알록달록 단풍들었다

침묵의 창

옆집 능소화는 내 침묵의 소리 들은 것일까
담장 넘어와 창틈으로 몸 밀어 넣는다

침묵은 더 큰 침묵의 문도 꽃송이처럼 열리게 했다
심중에 고여있던 고름 같은 말들이 다 비워졌다

한풀이

신발을 벗어 던지고
두고 온 집도 삼만 리쯤 집어 던졌다
부서져 내린 집이 바다에 둥둥 떠 다녔다
살풀이가 끝나자 파도가 어화둥둥
그것들로 다시 집을 지어 모래사장으로 밀고 왔다

3부

버킷리스트

자빠지면 썩어 문드러질 몸뚱이

나를 내주는 일도

두 다리 성할 때 해야 축복이겠네

스케치

그대에게 직접 닿기보다는
사랑을 상상할 수 있는 이 거리

선물 상자 푸는 손끝처럼
첫사랑 풀기 직전의 이 떨림

가을 동화

하늘에서 활짝 핀 목화솜은
별들이 재배해 놓은 것일까

그 아래 그림 속에서
해와 달이 못 이룬 사랑 꿈꾸고 있을까

큰 으아리꽃

친구는 도시를 벗어나 민통선 마을까지 흘러갔다
"꽃하고 친하면 세상이 쪼까 아름다워져"
철책선을 가까이서 그 누구에게도 경계를 치지 않고
큰 으아리꽃으로 피어 전송되었다
슬픈 색을 가졌으나 결코 슬픔을 드러내지 않는 친구

조각배

하늘이 내려앉으면 어떡하지?
내일 아침에도 해는 떠오를까?

걱정이란 닻을 내릴 수가 없어
뜬눈으로 밤을 지새웠다

숨바꼭질

어디에 숨었나 보이지 않아요

목을 빼고 올려다보면 엄마가 보일까

푸른 귀 활짝 열면 따뜻한 목소리 들릴까

구름 커튼 활짝 열어젖히면 그 안에 엄마가 계실까

승차 거부

벚나무 아래
운구차가 당도해 있다

아직은 몸에서 붉은 피가 돌아요
한 사나흘쯤 기다려줄 수 있겠지요

기회를 포착하다

다리가 길어졌다

여기는 내가 살 곳이 아니야

온몸으로 붉은 반점이 퍼지기 전에
어서 저수지를 빠져나가야 해

배반을 모르는 호야

푸른 넝쿨밖에 뻗칠 수 없어
꽃들의 등 뒤에서 살았다

삶의 터전이 바뀌었다
호야만이 당당하게 살아남아 꽃을 피웠다

눈물로 채웠을 축배의 잔을 태양처럼 들어올렸다

감국

가을볕에 샛노래진 꽃송이를 덖는다

마음이 점점 비어가자

향기가 빈 들판을 채워간다

덫

태풍처럼 쓸고 간 부귀영화도
뱃속에 알을 품고 다시 회귀하는 법을 아는데

청춘은 한 번 가면 그뿐,
다시 역류하는 법을 모른다

지는 해라도 붙잡아 보아야지

물보라, 은보라

바람에 등 떠밀려 먼 길 왔네

네가 나인 듯, 내가 너인 듯

바람의 힘으로 회귀할 수 있는 것도 축복이다

아홉 번 부서져도 열 번을 일어서게 하는

너는 은보라, 나는 물보라

쑥

싹둑, 봄이 베어졌다 해서
생을 주저앉힐 수는 없지요
상처가 아물 사이도 없이
또 다른 계절을 당차게 밀어 올려야지요
쑥 쑥 세상에 나왔으니 이름값 하고 가야지요

아름다운 봉분

몇백 년을 버텨야만 위대한가
나를 키워온 생의 너비만 한 의자만으로도 잘 살았다
가까이 온 봄을 비춰 볼 수 있는 것도 행복?
삶은 흔적이 없으나 뿌리는 남아
누군가를 받쳐줄 수 있는 것도 축복이다

콩고물

날개 펴는 일이 전쟁이지
계절이 알곡을 거두어간 빈 들판
이제야 제 세상을 만난 듯 숨겨진 부리를 꺼내지
누군가가 먹다 떨어진 콩고물이면 어때
날개 접고 앉아 편하게 먹을 수 있는 것만도 다행이지

어머니의 눈

홀로 남아계신 어머니 빈 가슴에
마른 풀들만 아우성친다
길 저만치 흙먼지 일어
자식들인가 싶어 눈 여는데
바람만이 때도 없이 구멍 난 관절에 드나든다

이쪽과 저쪽 사이

아이들이 다 출가했다

아내는 장롱과 함께 이쪽 방에 남고
남편은 시간의 물살 따라 저쪽 방으로 흘러갔다

이쪽과 저쪽 사이에 들어선 적막강산이 깊어질수록
밤하늘의 별도 저 혼자 빛을 발했다

폭죽

탯줄 자른 그날이다
시월의 배꼽에 불을 당기자
조여왔던 허리띠가 풀어졌다

가을 속살이 몽실몽실 붉게 기어나왔다

승천

비늘이 오색 빛으로 익는다 해도
곧장 하늘로 승천할 수는 없겠지

한 생 용의 몸통과도 같아
수라세계 아귀세계 돌고 돌아야
극락 문을 먼발치에서라도 볼 수 있겠지

작별

밤새, 안녕이라더니
어느새 수의로 갈아입었다고요?
뭐니 뭐니 해도 갈 옷으로는
한 땀 한 땀 손수 지은
오색수의가 안성맞춤이죠!

부음

여기가 어디쯤일까
발 들일 곳도 없이 날아와 쏘아댄다
인연이란 서로의 생각이 맞닿아 맺어진 것이 아니든가
떨어져 갈 때는 그쪽 혼자서 그쪽으로 갔건만
부음은 이쪽으로 날아와 이쪽을 사정없이 건드린다

고독한 밀착

가을비에 젖어 본 적 있나요?

비에 젖은 낙엽 구둣발로 밟지 말아요
더는 물러설 공간이 없답니다

다시 일어서기엔 한 치의 여백이 없는
고독과 한 몸을 이룬 바닥의 끝이랍니다

진짜는 껍질 속에

겉만 보고 판단하면 안 되겠네
허물을 벗을수록 속이 더 아름답잖아

그 몸에서 나온 모과 울퉁불퉁해도
깊은 향기를 지닌 이유 이제야 알겠네

적멸보궁

가을이 깊어 갔다
칠십이 넘은 언니들과
선재길 걸어서 적멸보궁에 이르렀다
언니야, 계곡 너머 저 뒤편으로 숨지 않고
함께 이 길 걸을 수 있어 정말, 고마워!

은행나무 부처

가을이 깊어가자
입고 있던 옷을 벗어
낮은 곳으로 훨훨 내려보낸다
날개옷 입은
바닥의 입구가 황금빛으로 변한다

4부

연인

해와 달이 우리 주위를 돌 뿐
우린 언제나 같은 자리에서 같은 곳을 보지요
서로를 재거나 알려고 애쓰지 않아요
하늘 향한 내 마음이 곧 당신 마음이겠지요

짚라인

초등학교 동창들과 라오스 여행을 갔다
이십 명 중에서 혼자만 낙오자가 될 수 없었다
놀이기구 앞에서도 부정문을 열어젖히지 못한 내가
죽기도 전에 허공을 가로지르는 긍정이란 줄에 매달려 보았다
돌덩이 같은 어깨에 날개가 돋아났다

가까운 슬픔

가족의 고통은 온전한 눈물이 될 수 있어도
남의 고통은 물에 뜬 기름에 불과하리라
가깝다는 이유로, 순간은 내 강물에 떠 있게 할 수 있어도
바닥까지 물과 물이 되어줄 수는 없겠지
짜디짠 눈물이 되어주기는 더더욱 어려운 일이겠지

겨울나무

누가 다 발라 먹었을까
바람의 접시 위에 잔가시들만 남아있다
가로수길을 헤엄치던 등 푸른 시간
그 싱싱한 눈알 누가 다 파 먹었을까
빈 동공 속에 시린 얼굴들만 잔뜩 고여있다

그리움

그가 와서 나를 흔들어 줄 때

허공 속에 갇혀있는 사랑이 깨어난다

기다림의 빛깔이 사방으로 흩어질 때 가장 아름다운 소리를 낸다

꽃은 가지 않았다

여자는 앞마당을 지나 화려한 도시를 빠져나갔다
그녀가 떠나간 자리가 가려웠다
빡빡 사정없이 마구 긁어댔다
이윽고 생각이 멀어지고 여자는 떨어져나갔다
그 자리에 산수유 붉은 열매가 꽃으로 피었다

산파

동해가 피바다로 출렁이기 전
어둠의 자궁 속에서 서둘러 해를 끄집어내야 해
하나의 생명이라도 더 구하기 위해
늘 깨어있는 손

때로는

주어진 운명도 바꿀 수가 있는 것을

한 치 앞을 내다볼 수 없다 하나
조금만 핸들을 틀었더라면
하얀 눈꽃 세상을 만들 수도 있는 것을
길을 틀지 못해 그만 눈물을 맺고 말았다

안부

엄마, 노을빛이 아직 남아 있어요
저희를 키우던 그 힘으로
노를 크게 저어 보세요
망망대해에서 길을 잃지 않고
극락세계 잘 찾아가셨는지요?

언제나 오늘

바람을 헤치고 친구들과 제주 백약이 오름에 올랐다
백 가지 약초는 찾을 수가 없어도
반백 년 넘어도 시들 줄 모르는
풋풋한 우정을 양지바른 곳에 심었다
빈 우둠지에 농익은 빛이 출렁였다

ⓒ포시즌

예술의 삼 박자

송화는 바람에 그만 곁을 내주고 말았다
해풍이 이쪽으로 등을 밀어주지 않았더라면
처음부터 붓을 들 생각조차 하지 못했을 것이다
그들이 조화로운 빛의 화음을 낼 수 있었기에
고흐의 손도 빌리지 않고 걸작이 나올 수 있었다

금괴

불구덩이에 들어가지 않고
어찌 빛을 발할 수 있을까
돈이 돈을 버는 세상에서
불타는 노을에 몸을 던져
울음이 황금빛으로 물들었다

극락으로 오르는 길

엄마는 두 달 동안이나
물 한 모금 못 드시고 가셨다
뒤늦게야 철든 자식들
49일 동안 빌고 또 빌었다
그 몸으로 극락으로 오르는 계단을 어찌 오르셨을꼬,

선물

식탁에 앉아 또 다른 식탁을 받는다
동화가 펼쳐질 것 같은 풍경

밥이 풍경이 되고 풍경이 밥이 되는 식탁에
당신과 나란히 앉을 수 있는 오늘에 감사한다

이 또한 지나가더라

먹구름은 한 곳에만 머물지는 않더라

태양도 한 곳만 천년만년 비추지는 않더라

빛이 내 주위를 돌지 않으면

내가 미친 듯이 돌아야 살 수 있더라

사랑의 아픔도 그리 돌다 보니 지나가더라

적벽강

고향 집에 혼자 남은
어머니의 눈은 늘 수평선에 걸려있었다

거친 파도에 깎여 뼈만 앙상하게 남은 적벽처럼
켜켜이 살집을 내어 준 자리에 갖가지 무늬를 새기고
오늘도 굽이쳐 오는 물살을 맨발로 마중 나오셨다

이별, 그 이후

포구에 닻을 내린 빈 개펄처럼
오늘은 누구의 빈 자리를 메꾸고
내일은 어떤 가슴에 썰물이 될까
물살은 내 안에서 두 개의 샛강쯤으로 흘러갔으리라
썰물이 그 상처를 다 거두어 가지 못했다

공포를 받치다

호수 위에 놓인 다리가 휘어있다
사람들이 버거워 온몸으로 후들후들
인파가 몰리면 몰릴수록 더 심하게 후들후들
공포에 떠는 다리를 위해
온몸으로 받들고 있는 바지랑대

멍

날개만 접으면 섬이 된다

그리움도 멍하니 쉬고 있다

울음을 터뜨린 침묵

낮선 곳으로 눈물을 데려왔다

아픈 갈빗대를 뽑아 물 위에 뼈대를 세웠다

쪽빛 바다가 솟구치자 울음의 집이 완성되었다

학사모

가을 기차가 막 떠나갈 무렵
배움의 갈증이 명자 언니를 부추겼다
모두가 떠난 빈자리에서
당당하게 홀로 꽃을 피워냈다

함정

남자라는 몸속에는 삽이 숨어있지
조금만 틈새가 보이면 삽질을 하지
조용히 빠져나오는 길도 잘 모르며
스스로 판 구멍 안에 갇히기를 좋아하지

허공에 들어선 강변

모서리를 품어주는 구름이 있기에
별은 반짝일 수 있는 것이다

별은 스스로 밤하늘을 밝히라 하고
구름은 살포시 대낮으로 내려와 하얀 폭포수가 되었다

쏟아져 내린 물살이 허공을 깨워 빛으로 퍼져나간다

화장터에서

지구가 불길에 휩싸였다, 화마는 온 산을 덮쳤으나
바위틈에서 여생을 보낸 노송은 건드릴 수 없었다

쭈글쭈글한 뱃살 대신 옆구리에 돋아난 관이 보인다
불길 속에서도 생생하게 살아있는 건 어머니라는 이름뿐이다

열린 길

최선의 바닥과
최후의 바닥이 만났다

자루 속에 갇혀있던 열 개의 발가락이
때를 만난 듯, 꽃송이가 되어 터졌다

■□ 시인의 산문

나를 있게 한 것은

자연은 시의 밑그림이다

슬픔밖에 모르던 내가 어떻게 시인이 되었을까. 스스로도 궁금해질 때가 있다. 슬픔은 소리소문없이 혼자 왔다 가는 것이 아니다. 머물렀다 간 그 자리에 나만이 풀 수 있는 암호를 남기고 갔다. 그 암호를 푸는 일이 글쓰기라는 것을 알게 되었다. 눈물 자체인 어머니와 삼라만상을 품어주는 대자연을 몰랐더라면, 나는 글 쓰는 일을 시도하지 못했을지도 모른다. 한여름 울 안에 살구나무라도 한 그루 있었더라면 어린 시절이 그리 팍팍하지는 않았을 걸.

아버지의 술을 피해 어린 내 영혼은 늘 집 밖으로 떠돌아야 했다. 결국 아버지는 술에 패해 일찍 생을 접어야 했고, 어머니는 혼자서 집 안팎으로 생계를 꾸려가야 했다. 여자 혼자서 농사일 하는 어머니 손길을 돕느라 난 자연에서 좀 더 일찍 인생에 눈을 떴는지도 모른다. 집을 겉돌며 들과 산에 피어난 들꽃들과도 친숙해져 갔고, 그들과 소통하며 그들의 일부가 되어 버렸는지도 모르겠다.

그런 자연은 내 글쓰기의 바탕과 배경이 되었고 어머니는 내 글의 모태가 되었다. 어머니의 한풀이로 시작된 글쓰기가 어머니의 입을 빌려 인생을 노래하게 했고, 어머니의 죽음을 통해 들판의 수수처럼 나를 익어가게 했다.

자연은 신의 경지를 벗어났다

신은 열 가지를 다 주지 않는다. 먹구름을 힘겹게 밀쳐내고 무지개가 떴는가 하면 이내 사위고 마는 게 행복이다. 한 가지만 충족해서는 만족할 수가 없다. 행복은 종합비타민처럼 모든 영양소를 다 갖춰야만 하는데 한 가지 걱정이 풀리면 또 다른 걱정이 걱정의 꼬리를 문다. 사는 일은 고통의 연속이며 결핍의 끝판왕이다.

그 결핍된 영양소를 채워주는 것이 바로 자연이다. 사는 일이 고달파 화를 다스리지 못한 날에도 자연 앞에만 서면 아기의 선한 눈망울을 보듯 금세 입이 벙글어진다. 초록을 보면 초록으로 동화되어가고 꽃을 보면 꽃으로 피어나기도 한다.

입이 있는 한 침묵만 하고 살 수는 없다. 다리를 건너듯 말을 통해야 상대방에게로 건너갈 수가 있다. 벌레 먹은 잎이 아니라 푸르고 싱싱한 입이 되길 원하지만 사람인데 그게 생각처럼 쉽지는 않다. 허나 말이 많은 날이면 잠자리가 더디게 온다.

내 입에서 튀어 나간 말이 화살이 되지는 않았는지? 말이 오가던 대교를 무너뜨리는 일은 없는지? 곪아있는 집안의 환부를 다 들춰버린 것은 아닌지? 교만하지는 않았는지? 비밀은 누군가에게 털어놓는 순간 이미 비밀이 아니다. 비밀이라고 생각되는 말은 돌아서는 순간 후회스럽다. 비밀은 자물통이기에 비밀번호만 알면 누구라도 딸 수가 있다.

자연과는 어떤 대화를 해도 찜찜하지가 않다. 석 달 열흘 밀린 말을 해도 하품하지 않는다. 말의 전달이 가장 안전할 뿐 아니라 소통 또한 가장 원활하다. 사람이 사람에게 용서를 구하지 않아도 되고 어떤 고백의 문도 스스로 열리게 하는 자연은 열린 고백 성소이다.

자연은 가장 진실한 벗이다

아침에 눈을 뜨면 제일 먼저 화초들과 인사를 나눈다. 밤사이에 무슨 사연들이 그리 쌓였다고 그들 앞에만 서면 할 말이 많다. 그들과 나누는 대화는 푸근하다. 헝클어진 머리를 귀 뒤로 넘기고 입 냄새를 풍기며 다가가도 뒷걸음질 치지 않는다. 애써 나를 치장할 필요가 없다. 언제나 내 모습 그대로 다가가도 계산기를 두드리지 않고 있는 그대로 받아주는 한결같은 벗들이다.

자연을 진실로 사랑한 보답인가. 남편의 배려와 운까지 따라주어 중년이 되어 안산 아래 주택을 지어 이사를 했다. 나이 들어 큰집이나 주택으로 가는 사람은 미친년이라고 했다. 난 미친년이 되어도 좋았다. 이 나이에 무엇엔가 미칠 수 있다는 것이 얼마나 행운인가.

  온실 안의 화초들을 밖으로 내놓기엔 오월의 햇볕이 강했다. 그래도 이 집의 사정상 예전의 꽃들을 창밖 베란다에 내놓을 수밖에 없었다. 모든 것들이 새로운 것들로 이루어진 집, 아파트에서만 살던 내가 주택으로 왔으니 모든 것들이 낯설기도 하지만 눈만 들면 산이 보이고 화단에서 피어나는 꽃들이 신비롭기만 했다.

  사랑도 변하는 것이라 했던가. 십 년을 넘게 지켜왔던 꽃들에 주문을 외우는 건 '강한 자만이 이 집에서 살아남을 수 있다'였다 이사 온 지 한 달도 지나지 않아 데려온 화초들이 시들시들 앓다가 잎이 다 타 죽어갔다. 그중에서 호야만 타죽지 않았다. 아파트에서 몇 년이 지나도 넝쿨만 뻗어대 수없이 잔소리를 들은 꽃. 그런데 내게 복수라도 할 셈인지, 다른 화초들은 강한 햇볕을 이겨내지 못하고 넋이 되어 남았는데 호야는 태양같이 탐스러운 꽃을 피워 새집을 환하게 밝히는 게 아닌가.

  그로부터 두 달쯤 지나자 빈 화분에서도 다시 새 촉들이 올

라왔다. 어느 것 하나 죽지 않고 다시 파랗게 돋아나 내게 소리 없이 어퍼컷을 날렸다. 미안함과 고마움에 머리를 들 수 없었다. 그들을 다 방으로 들여놓을 수는 없고 우리 부부는 궁리 끝에 화초들 머리 위에 채양을 만들어 주었다

인생은 책 속에서 배우는 것이 아니라 그런 꽃들을 보며 깊어질 수 있었다. 밖에서 맛있는 음식을 보면 가족들이 떠오르듯이 내가 가꾸는 꽃들이 피면 혼자서 보기가 아깝다.

다산 정약용은 집 마당에 갖가지 꽃들과 나무들을 가꾸며 꽃들이 필 때마다 벗들을 불렀다고 한다. 철 따라 피는 꽃을 함께 논하기 위해 만들어진 모임이 '죽란시사'였다. 자연에서 벗과 예술과 술이 함께한다면 이보다 더한 풍류가 또 어디 있겠는가. 나도 다산처럼 마당의 꽃들이 피면 벗들을 불러 풍류를 즐겨볼 셈이다. 이처럼 자연은 내게 비타민이며 쉼터며 나눔이다. 난 사진의 기술도 없으면서 아름다운 것들만 보면 렌즈를 들이대는 버릇이 생겼다. 부족하지만 이렇게 담긴 것들 또한 내 소중한 벗들이기에 가까이 두고 싶어 디카 시집을 묶게 된 것이다.

자연은 인생의 길잡이다

자연은 내가 길을 잃고 헤매일 때 등불이 되어 주었다. 폐경기에 우울증을 앓은 적이 있다. 평상시에 좋아하던 일들도 하나같이 다 재미가 없었다. 내가 왜 살아야 하는지 반문하는 횟수가 잦아졌다. 그래도 다행인 것은 내가 스스로 처방을 내릴 수 있었다. 병원 가는 일을 접고 산책 속에 빠져 점자 같은 나를 읽어내기로 했다. 산행하다 보니 죽어있는 나를 깨울 수 있었다. 나무와 꽃들과 작은 풀꽃들까지도 다시 태어난 나를 반겨주었다. 나는 혼자가 아니었다. 어느 것 하나 소중하지 않고 아름답지 않은 것이 없다. 그들 하나하나와 눈을 맞추고 소통하다 보니 우울증이 제 발로 서서히 뒷걸음쳐 갔다

 자연을 사랑하는 내게 우울증은 한 번으로 끝나지 않았다. 매년 겨울 끝자락에만 서면 우울증을 앓는다. 나에게 있어 2월은 가장 길고 버거운 달이다. 아름다운 자연이 소멸하여 가면 나도 따라 생기를 잃어가고, 봄이 오면 언제 그랬냐는 듯 내 몸에서도 뭔가 다시 싹틔울 준비를 한다. 난 태양 숭배자는 아니지만 자연을 가까이 한 까닭에 해가 뜨면 나도 떠오르고

해가 지면 나도 따라 진다는 것을 알게 되었다. 난 글을 쓰는 일도 대부분 낮에 하는 편이고 흐린 날보다는 맑은 날이 더 좋다. 그래서일까 난 언젠가부터 날씨 요정이라는 소리까지 듣게 되었다. 내가 비를 피해 다니는 것인지, 비가 나를 피하는 것인지, 바깥 외출할 때도 우산을 펴는 일이 적어졌다.

'부처도 일체중생을 다 제도하지만 실은 한 중생도 제도 된 자가 없다'라고 한다. 사람은 실수의 연발이다. 아무리 노력해도 미완으로 남을 수밖에. 꽃들도 영원히 꽃일 수는 없다. 피는가 하면 추하게 질 줄도 아는 게 꽃이다. 자연은 소리 없이 질 줄을 알기에 다시 필 줄도 안다. 실수하고 이해받고 용서받고 용서하며 사는 게 인생이다. 어둠을 견디는 자만이 다시 태양을 맞을 수가 있다. 물고기가 위로 역류할 수 없듯이 삶의 역행은 고달플 뿐이다. 자연에서 순리를 배우자 인생이 한결 가벼워졌다.